Comment interpréter ses rêves ?

par Léa Schalk

COMMENT INTERPRÉTER SES RÊVES ?

- **Problématique ?** Vous est-il déjà arrivé de vous réveiller en sursaut à la suite d'un cauchemar sans toutefois en comprendre la signification ? Ou d'être le protagoniste d'un rêve étrange où se mêlent des éléments plus intrigants et insensés les uns que les autres ? Mais pourquoi rêvons-nous ? Quel rôle endossent les rêves ? Et peut-on réellement les interpréter ?
- **Objectifs ?** Comprendre le mécanisme des rêves, leur influence sur notre quotidien et découvrir comment les décrypter.
- **FAQ**
  - Est-ce que tout le monde rêve ?
  - Rêve-t-on tout le temps lorsque l'on dort ?
  - À quoi servent les rêves ?
  - Pourquoi ne me souviens-je pas toujours de mes rêves ?
  - Qu'est-ce que le rêve prémonitoire ? Existe-t-il vraiment ?
  - Est-ce que mes rêves peuvent influencer mon quotidien ?
  - Comment interpréter mes rêves ?

Le rêve : quoi de plus intime et personnalisé que ce film nocturne dont nous sommes à la fois réalisateur et protagoniste, le plus souvent à notre insu ? Pourtant, force est de constater que le rythme fou de nos journées en fait souvent le cadet de nos soucis. Rares sont ceux qui consacrent du temps, au réveil, à sonder ces improbables aventures imaginaires. Mais qui d'entre vous ne s'est jamais réveillé en panique, voire en pleurs suite à un cauchemar, en proie à d'angoissantes questions ? « C'était un rêve ? Pourquoi ai-je rêvé de ça ? » Et inversement, qui n'a jamais essayé de prolonger un doux songe, pour voir jusqu'où cela le mènerait ? C'est que nos rêveries nous interpellent tout de même, à plus forte raison s'il s'agit de quelque chose d'étrange ou de bouleversant.

Les rêves sont-ils des fantaisies dépourvues de sens ou, au contraire, de précieuses sources d'informations sur l'inconscient ? Jusqu'à quel point peut-on et doit-on les écouter ? Pourquoi, bien souvent, n'en reste-t-il que des bribes dans notre mémoire ? Est-il possible de mieux s'en souvenir, voire de les interpréter ? Qu'en dit la science ? Autant d'aspects que nous tenterons ici de sonder, en gardant les yeux bien ouverts.

D'OÙ VIENNENT LES RÊVES ?

LES CYCLES DU SOMMEIL ET LEURS PHASES

Les questions liées à l'interprétation des rêves et à leur dimension psychique sont passionnantes, mais que se passe-t-il d'un point de vue purement physiologique lorsque nous rêvons ? Les neurosciences cliniques contemporaines – à savoir les spécialités médicales qui étudient le système nerveux, comme la neurologie ou la médecine du sommeil – se basent sur l'étude en direct de l'activité du cerveau pour mieux comprendre, entre autres, le phénomène onirique.

S'appuyant sur l'électroencéphalogramme, le chercheur français Michel Jouvet observe, à la fin des années cinquante, un phénomène inattendu. Il s'agit du sommeil paradoxal, une phase du sommeil depuis lors associée au phénomène du rêve. Si Jouvet la qualifie de paradoxale, c'est en raison du contraste qu'il existe entre les mouvements oculaires et l'activité cérébrale déchaînés d'une part, et le corps mou ainsi que la difficulté à réveiller le sujet d'autre part.

LE SAVIEZ-VOUS ?

Le sommeil paradoxal n'est pas réservé exclusivement à l'être humain. Il a en effet été prouvé que tous les animaux à sang chaud – à savoir les oiseaux et les autres mammifères – possèdent également cette capacité.

Pour mieux situer les phases de sommeil paradoxal – et donc le moment où l'on rêve d'après plusieurs experts – dans le cadre d'une nuit de sommeil, sachez que cette dernière est constituée d'une succession de cycles d'environ 90 à 120 minutes chacun. Durant une période de sommeil, on peut en compter de trois à cinq, au cours desquels les scientifiques distinguent plusieurs phases :

- **le sommeil lent,** qui dure 60 à 75 minutes et qui comporte quatre stades :
  - l'endormissement, caractérisé par un état de semi-conscience durant lequel il est facile de nous réveiller (stade I) ;
  - le sommeil lent léger, par lequel nous passons le plus souvent au cours de la nuit. Il représente environ 50 % de notre temps de sommeil (stade II) ;
  - le sommeil lent profond compose les stades III et IV. Au cours de la première partie de cette phase, le tonus musculaire et l'activité cérébrale diminuent, puis nous atteignons le niveau le plus profond du sommeil lent.
- **le sommeil paradoxal** (*REM sleep* pour *Rapid Eye Movement* ou MOR, mouvements oculaires rapides) qui dure 10 à 20 minutes. Pendant cette période, le cerveau bouillonne et sa consommation d'oxygène est parfois même supérieure à celle enregistrée lorsque l'on tente de résoudre un problème complexe ;
- **le sommeil intermédiaire,** qui correspond à une très courte période de pré-éveil entre les différents cycles.

À partir du moment où l'on s'emmitoufle dans sa couette, une vingtaine de minutes suffisent normalement pour plonger dans un sommeil lent profond. Au cours de cette transition, on assiste à un changement des ondes électriques émises par notre cerveau, qui ralentissent progressivement, ce qui nous rend de moins en moins réceptifs aux stimuli extérieurs, à moins qu'ils soient très forts ou considérés comme importants par le dormeur (l'évocation de son prénom, des pleurs, etc.). Le sommeil lent profond, qui nous offre une récupération physique optimale, est plus prononcé durant la première moitié de la nuit, d'où les propriétés extrêmement reposantes des premières heures de sommeil. Pour autant, l'activité cérébrale des phases lentes n'est pas nulle, mais plutôt composée d'impressions sensorielles simples, décontextualisées (par exemple, des sensations de froid, de chaud, ou des émotions telles que la tristesse, la peur, etc.). Il est rare que les dormeurs réveillés durant ces phases se souviennent en détail de leurs rêves. Cependant, cette traversée nocturne est tout sauf un long fleuve tranquille. Au bout d'une période de sommeil lent, les ondes s'accélèrent et l'hypnogramme – graphique permettant de visualiser les différentes phases de sommeil et de veille – recommence à relever une activité cérébrale intense : nous sommes en plein sommeil paradoxal. L'activité onirique y est complexe, avec un scénario, des personnages, des impressions sensorielles puissantes, etc. Si le dormeur s'éveille ou s'il est réveillé par quelqu'un au cours de cette phase, il sera en mesure de rapporter le contenu de son rêve avec précision et force détails. Cette phase d'intense activité nerveuse représente environ 20 % du temps de sommeil total chez l'adulte, 40 à 50 % chez le nouveau-né, et davantage encore au stade prénatal.

Une fois passée la zone de turbulence du sommeil paradoxal survient le sommeil intermédiaire durant lequel nous redevenons sensibles aux stimulations extérieures. Si rien ne nous réveille à ce moment-là, c'est reparti pour un nouveau cycle, et ce court éveil sera vite oublié. Au matin, un micro-éveil en fin de cycle pourra bien entendu déboucher sur un réveil complet.

UN LIEN REMIS EN QUESTION

Si plusieurs scientifiques ont pu mettre en évidence une corrélation entre le sommeil paradoxal et les souvenirs des rêves, ils ont également constaté que l'activité cérébrale ne s'arrêtait pas pour autant lors des autres phases, mais était simplement différente et moins prononcée. À partir des années 2000, sur base de nouvelles données expérimentales, le duo sommeil paradoxal/rêve a été remis en question. Pour certains experts, il n'est plus correct d'affirmer, à l'heure actuelle, que seul le sommeil paradoxal engendre des rêves.

POURQUOI RÊVONS-NOUS ?

Quel est le rôle du rêve ?

Nous passons environ un tiers de notre vie à dormir. En établissant un lien direct entre le sommeil paradoxal et le rêve, plusieurs spécialistes estiment que ce dernier occuperait près de 20 % de notre temps de sommeil. Ainsi, un homme de 50 ans, par exemple, aura passé plus de trois ans de sa vie à rêver. Si pour certains experts il est impossible de quantifier le temps du rêve par nuit, il est désormais certain qu'un sommeil physiologique normal, c'est-à-dire non altéré par la prise de certains médicaments ou par certaines maladies, comporte toujours des rêves.

Mais quel est précisément leur rôle ? Pourquoi rêve-t-on ? La question est loin d'être tranchée et de nombreuses théories s'affrontent, certaines allant même jusqu'à réfuter l'existence du lien entre l'activité onirique et le sommeil paradoxal.

D'après le prix Nobel de médecine Francis Crick et son collègue Graeme Mitchison, le sommeil paradoxal servirait notamment à trier les informations accumulées durant la journée et à effacer les moins pertinentes afin de ne pas surcharger le cerveau. Toutefois, cette théorie ne semble pas être étayée de données scientifiques irréfutables.

Selon d'autres recherches récentes en neurobiologie, les rêves seraient une récapitulation de nos pensées de la journée afin de nous permettre de mieux les assimiler et d'affronter le lendemain en prenant les bonnes décisions et en étant ainsi plus performant. Il s'agit d'une parfaite illustration du célèbre adage : « la nuit porte conseil ».

Pour d'autres encore, les rêves favoriseraient la créativité cérébrale, assureraient une fonction de régulation émotionnelle voire, pendant le développement de l'enfant, permettraient à ce dernier de perfectionner ou de découvrir certaines aptitudes. Saviez-vous que le nourrisson montre ses premiers sourires et d'autres expressions faciales durant le sommeil paradoxal ? Une autre théorie évoque le rêve comme une fonction d'adaptation au stress. En effet, il a été constaté que lorsque nous sommes stressés ou blessés, la durée du sommeil paradoxal augmente, comme si notre système psychique disposait d'une solution pour s'isoler et se protéger du stress physique ou de la douleur. Autant d'hypothèses fascinantes, mais jamais prouvées.

Et qu'en est-il des cauchemars ?

Ce rêve un peu particulier, qui provoque bien souvent sueurs froides, est encore relativement peu connu. Il faut attendre le milieu des années 2000 pour qu'un pionnier en la matière, Tore Nielsen, psychologue à l'hôpital du Sacré-Cœur à Montréal et directeur du laboratoire des rêves et cauchemars, élabore un premier modèle de fonctionnement des cauchemars. D'après lui, ceux-ci ne sont pas forcément le signe d'un malaise intérieur ; au contraire, leur fonction serait plutôt d'apprivoiser nos peurs, de les rendre tolérables et de nous permettre de digérer certains épisodes difficiles de notre vie. Si le cauchemar atteint son objectif, nous continuerons à dormir sans interruption. *A contrario*, s'il échoue dans sa mission, nous nous réveillerons en sursaut, tremblant face à nos angoisses et à nos doutes. Il existerait donc de bons et de mauvais cauchemars. Ces derniers peuvent même devenir pathologiques s'ils se répètent fréquemment, perdurent toute la journée et entraînent des insomnies, par peur de revivre ces épisodes déplaisants. On retrouve ce type de cauchemars récurrents chez les personnes ayant vécu un traumatisme comme une guerre, une agression, une catastrophe naturelle, etc.

L'INTERPRÉTATION DES RÊVES

DE L'ONIROMANCIE À LA PSYCHANALYSE

De par son caractère en apparence insaisissable et mystérieux, le rêve n'en finit pas d'interpeller l'homme depuis la nuit des temps. L'histoire, il est vrai, regorge d'épisodes plus ou moins légendaires de songes qui en auraient influencé le cours. Les personnages historiques dont les exploits ou les mésaventures auraient été guidés par des visions oniriques sont légion – de Constantin (empereur romain, entre 270 et 288-337) à Charlemagne (roi des Francs, 742/747-814), en passant par Jeanne d'Arc (héroïne française, 1412-1431) ou encore Abraham Lincoln (homme d'État américain, 1809-1865).

Mais si le phénomène psychique du rêve traverse indistinctement toutes les époques, il en va autrement de la considération qui lui a été accordée par les sociétés humaines d'un siècle à l'autre. Auprès de civilisations telles que l'Égypte, la Grèce antique ou la Rome antique, l'incubation onirique et l'interprétation des rêves étaient des pratiques courantes. Autant dire que le rêve y occupait une place de choix. Au point que les Grecs, tout comme les Égyptiens, disposaient de temples du sommeil ou d'incubation, dans lesquels on croyait possible de guérir certaines pathologies. La thérapie consistait à y dormir à même le sol en attendant que la divinité, par le biais d'un songe, vienne répondre à des questions sur l'état de santé du patient, la cause du mal et les soins à effectuer. Dans certains temples, des prêtres spécialisés aidaient même leurs adeptes à interpréter correctement leurs rêves.

Loin d'être une récente lubie, les clés des songes trouvent aussi leurs racines dans ce passé millénaire. Des témoignages nous en sont d'ailleurs parvenus sur des papyrus égyptiens. Mais il faut attendre le IIe siècle apr. J.-C., sous l'Empire romain pour que le premier ouvrage consacré à l'oniromancie, à savoir l'interprétation des rêves par un devin, voie le jour. Dans son *Onirocriticon*, Artémidore de Daldis (écrivain grec, IIe siècle apr. J.-C.) en distinguait cinq catégories. Toutefois, s'il était réputé comme fiable à l'époque, son livre n'est en réalité d'aucune utilité objective.

Si l'interprétation des songes était aussi importante, c'est que pour ces anciennes civilisations le rêve représentait un lieu de rencontre privilégié avec les dieux. Expression de la volonté divine, il devait donc en permettre l'accomplissement. Dans l'œuvre homérique, par exemple, le songe s'apparente à l'image immatérielle du défunt, à son âme, par laquelle la divinité exprime son message au dormeur.

Mis de côté pendant plusieurs siècles, car relégué au rang de pure superstition, le rêve revient sur le devant de la scène avec l'avè-nement de la psychanalyse. Sigmund Freud (médecin neurologue autrichien, 1856-1939) y décèle la « voie royale vers la connaissance de l'inconscient » ainsi que la possibilité de guérir des troubles émotion-nels grâce à la compréhension de leur signification. Mais la lecture antique s'en retrouve tout à fait inversée : là où le rêve était considéré dans des temps lointains comme un message divin, il dissimule dans la théorie de Freud des désirs enfouis dès l'enfance, notamment à caractère sexuel. Autrement dit, finis les messages prophétiques et les visites nocturnes des divinités : le rêve est un rébus qui naît directement de l'intérieur.

Plus tard, Carl Gustav Jung (médecin psychiatre suisse, 1875-1961), disciple dissident de Freud, introduit la notion d'inconscient collectif, une sorte de compilation d'images archétypales communes à l'humanité entière, qui ferait donc fondamentalement référence à la même chose pour tout un chacun. Contrairement à la vision freudienne, l'élément sexuel n'y joue pas le premier rôle. Pour Jung, le rêve a pour principal objectif de rétablir un équilibre psychique chez l'individu en reconnectant son moi conscient et inconscient.

Aujourd'hui, la psychanalyse continue à mettre l'accent sur l'importance de cette recherche intime, porteuse de sagesse et de force intérieure. Cela passe aussi, bien entendu, par l'analyse du contenu des rêves.

L'ANALYSE DES RÊVES PAR LES PROFESSIONNELS DE LA SANTÉ MENTALE

L'étude du contenu des rêves, y compris des cauchemars, a-t-elle sa place dans la pratique médicale ? Peut-elle servir d'outil thérapeutique pour traiter des troubles physiques ou psychologiques ?

Sous un angle médical, une attribution de significations au contenu des rêves selon une quelconque grille de lecture absolue ne tient plus la route au XXIe siècle. En effet, comme le rappelle le Dr Daniel Neu, spécialiste en somnologie et en neuropsychiatrie au CHU Brugmann de Bruxelles, l'analyse du script des rêves a du sens si elle est effectuée en fonction de la situation individuelle de la personne concernée. En particulier l'utilisation du contenu des rêves a toute sa place lorsque, par exemple, des cauchemars récurrents peuvent être symptomatiques de souffrances psychiques ou morales graves, comme un trouble de stress post-traumatique.

Est-ce votre cas ? Bonne nouvelle : il est désormais possible de remplacer, avec l'aide d'un psychothérapeute, le travail nocturne que certains cauchemars ratés n'auraient pas mené à terme par la thérapie par répétition de l'imagerie mentale (IRT). Cette technique, qui a déjà fait ses preuves, consiste à aider le sujet souffrant de cauchemars pathologiques à se réapproprier ses souvenirs oniriques négatifs pour les adoucir. Concrètement, le psychothérapeute vous invite à visualiser votre mauvais rêve une première fois en fermant les yeux. Ensuite, il passe à l'étape de la réécriture : vous devez changer le scénario pour le rendre positif et ensuite le répéter dans votre tête pendant 5 à 10 minutes par jour. Il a été prouvé que cette nouvelle histoire reconstruite aura une probabilité considérable de ressurgir en rêve. D'après des études canadiennes, deux à trois semaines sont nécessaires à un adulte pour accomplir ce travail et le taux de réussite frôlerait les 80 % !

Pourtant, sauf dans des cas de grande détresse comme celui des cauchemars, se rappeler de ses rêves n'a pas beaucoup d'intérêt du point de vue de la médecine du sommeil, qui estime que leur utilité en tant que souvenir n'a jamais été démontrée. De surcroît, le fait d'accorder trop d'importance au message du rêve ne serait non seulement pas nécessaire pour tout un chacun, mais pourrait même devenir troublant, voire dangereux. La psychanalyse, elle, porte un tout autre regard sur la question de la plus-value thérapeutique du rêve.

TEST : DOIS-JE CONSULTER UN MÉDECIN DU SOMMEIL ?

Vous reconnaissez-vous dans ces quelques affirmations ?

- J'ai souvent des difficultés à m'endormir, voire peur de m'assoupir.
- Je parle dans mon sommeil.
- Je suis régulièrement sujet à des apnées du sommeil.
- Je grince involontairement des dents durant le sommeil.
- Je suis sujet à des épisodes de somnambulisme.
- Je souffre de terreurs nocturnes. J'émets des cris de panique tout en étant impossible à réveiller.

L'étude du contenu des rêves, sauf cas particulier, n'est donc pas du ressort des neurosciences. En effet, la signification des songes, si fuyante et variable d'une personne à l'autre, s'éloigne trop des exigences d'objectivité propres aux sciences. Si vous avez l'impression que vos rêves renferment un message, il vous faudra alors vous tourner vers un psychanalyste ou un psychothérapeute. Nombre de ceux-ci voient en l'interprétation des rêves une potentielle mine d'informations sur le patient ou l'individu en général – que ce soit pour travailler sur ses souffrances ou simplement pour lui permettre de mieux se connaître.

« Je vivais une sexualité assez mécanique, ce qui comptait pour moi c'était d'être performant. Mais cela ne me convenait plus ; j'étais constamment frustré et malheureux. Je voulais retrouver une sexualité plus sensuelle, mais je me sentais incapable de me laisser aller avec une femme. Je faisais souvent des rêves inquiétants et incompréhensibles dans lesquels j'avais des relations sexuelles dégoûtantes avec des animaux et qui se passaient très mal. J'ai décidé de consulter un spécialiste qui m'a aidé à analyser mes rêves et à en saisir le sens. J'ai compris ce qui me bloquait dans mes relations amoureuses et cela m'a rassuré. Aujourd'hui, je me donne les moyens de vivre ma sexualité différemment. » (François, 30 ans)

Dans le cas de François, l'interprétation de ses rêves avec l'aide d'un psychanalyste lui a permis de faire remonter certains blocages ou difficultés et de finalement se soulager de ce poids. D'après certains spécialistes, cette conscientisation apparaît beaucoup plus rapidement à travers l'analyse des rêves. Il existerait également des rêves réparateurs, porteurs de solutions aux problèmes. Saviez-vous, par exemple, que le fait même d'entamer une psychothérapie serait susceptible de stimuler des rêves ciblés, détenteurs de réponses ? Le plus difficile reste évidemment de les interpréter correctement. Inès Carels, psychologue belge, affirme que pour un professionnel, la meilleure façon de fournir une bonne lecture des rêves d'autrui est de consacrer du temps à l'analyse de ses propres rêves.

Pierre Daco, psychologue et psychanalyste belge de renommée internationale, est convaincu que le rêve est indispensable à l'équilibre mental et psychologique de l'être humain, aussi essentiel que l'alimentation et le sommeil, et le définit comme une sorte de « respiration psychologique » (DACO (Pierre), *L'interprétation des rêves*, Paris, Marabout, 2013). La plupart des personnages apparaissant dans un rêve ne seraient que des aspects de nous-mêmes : une raison de plus de s'y pencher avec le plus grand sérieux.

Plus globalement, comme le dit Aude Jullien, psychologue, sexologue et onirologue exerçant à Bruxelles, s'intéresser à ses rêves, c'est s'intéresser à soi. Il n'y a donc pas de raison que l'on ait recours à l'analyse des rêves uniquement lorsque l'on connaît des difficultés dans notre vie. Le travail d'interprétation en général permettrait au rêveur de découvrir des aspects de sa personnalité jusqu'alors inconnus ; autrement dit, de mieux se connaître. Du point de vue de ses adeptes, cette approche est en mesure d'ouvrir une porte sur une réalité objective, le moi profond dénué de conditionnements, de peurs, de culpabilités. Méthode fantaisiste ou option crédible ? À vous de juger.

QUELQUES CONSEILS POUR DÉCRYPTER SES RÊVES

Se souvenir de ses rêves

L'analyse des rêves ne s'improvise pas. Il existe pourtant des méthodes pour y procéder seul, en dehors d'une psychothérapie. Mais avant de tenter toute piste d'interprétation, encore faut-il pouvoir se souvenir de ses rêves. Comment accroître donc sa mémoire des rêves ?

- La qualité de notre sommeil influençant aussi nos rêves, il est indispensable d'éviter les dîners lourds ou les substances excitantes avant de commencer à se détendre. Veillez également à éteindre la télévision et votre ordinateur au moins une heure avant de vous coucher. Évitez aussi de pratiquer du sport intensif avant d'aller au lit. Enfin, idéalement, votre chambre doit être plongée dans l'obscurité totale et dans le silence absolu.
- Il est important d'être conscient du fait que l'on va rêver et que l'on va faire de son mieux pour retenir ses rêves. De nombreux experts conviennent du fait qu'il faut avant tout s'intéresser à ses rêves pour mieux s'en souvenir. Pour vous aider, répétez le mantra suivant : « Je vais rêver et j'essaierai de me souvenir de mes rêves. »
- Petit rituel à tester : avant de vous endormir, buvez la moitié d'un verre d'eau que vous laisserez juste à côté de vous, sur votre table de chevet. Au réveil, terminez votre verre. Cette astuce est censée vous aider à réactiver vos souvenirs.

Puisqu'il est plus fréquent de se souvenir d'avoir rêvé en fin de nuit, lorsque le sommeil est davantage entrecoupé de micro-éveils, il existe des techniques de mémorisation à tester le matin.

- Dans son livre *Tout sur les rêves*, Jenni Kosarin, experte en astrologie, conseille de régler son réveille-matin 15 à 20 minutes plus tôt que d'habitude, d'appuyer aussitôt sur le bouton « rappel » et de se rendormir. Cette technique, répétée deux ou trois fois, permettrait de récupérer plus facilement des images de son rêve.
- Lorsque l'on s'extrait d'un rêve, mieux vaut rester allongé, les yeux fermés, pour laisser les images revenir. Si rien ne refait surface, essayez de changer de position. Vous pouvez également penser à quelques personnes importantes dans votre vie, cela pourrait faire ressortir des éléments.
- Une autre stratégie souvent évoquée par des psychologues est de tenir un journal des rêves à mettre à jour tous les matins. Il faudrait idéalement tout écrire au réveil, même ce qui n'a, en apparence, pas de sens. Les questions classiques « qui ? », « quoi ? », « où ? », « quand ? » et « comment ? » pourront vous guider. Au fur et à mesure, les souvenirs affleureront. Cette pratique augmenterait même la fréquence de souvenirs des rêves.
- S'enregistrer sur un dictaphone dès le réveil, même en maintenant les yeux fermés, est une autre méthode possible, qui nécessite une présence d'esprit moins importante que l'écriture. Dans un certain sens, on est à ce moment au plus près du rêve.

Comprendre la signification de ses rêves

Vous êtes parvenu à vous souvenir de votre rêve grâce à ces quelques bons réflexes ? Il est à présent temps de laisser place à la réflexion. Pour interpréter le contenu des songes, il n'existe pas de règle universelle et les dictionnaires des rêves ne doivent pas devenir votre outil de référence. Un dictionnaire des symboles, par contre, pourra vous aiguiller quant à la symbolique d'un élément, mais l'interprétation onirique doit être personnelle et reliée à votre propre vécu.

Si les méthodes d'interprétation sont légion, il existe toutefois des conseils généraux que vous pourrez appliquer pour décortiquer et révéler le sens de vos rêves. Commencez par reparcourir avec attention vos notes dans votre journal des rêves en vous posant les bonnes questions.

- Quelle est la structure générale du rêve ? De quelle situation part-il ? Comment se développe-t-il et où termine-t-il ?
- Quels sont les éléments principaux ? Quels personnages, quels lieux, quels symboles, quelles images-clés sont présents ?
- Quelles sont les émotions qui se dégagent de votre rêve ? Analysez ce que vous avez ressenti : de la joie, de la peur, un sentiment de colère, d'impuissance, etc.
- Quel est le lien entre votre rêve et votre situation actuelle ? Quelles informations celui-ci vous donne-t-il sur vos ressources et vos blocages ?

Tout en esquissant des réponses à ces questions générales, ne négligez pas les recommandations suivantes :

- restez objectif et n'inventez pas une intrigue là où il n'y en a pas ;
- ne cherchez pas de midi à quatorze heures, la signification est souvent évidente ;
- si votre rêve met en scène un film que vous avez regardé la veille ou une récente activité, inutile de chercher sa signification plus loin – bien que, à en croire certains psychothérapeutes, même le rêve le plus banal a quelque chose à nous dire ;
- si vous êtes en proie à des cauchemars récurrents, vérifiez s'ils n'ont pas pour origine un traumatisme récent (une agression ou un décès brutal par exemple), auquel cas il serait préférable de consulter un spécialiste ;
- portez une attention particulière aux détails, ils revêtent souvent une importance à ne pas négliger ;

- dessinez votre rêve si l'idée vous tente. Il paraît que le dessin fait apparaître des détails supplémentaires tout en rendant le songe moins abstrait.

Ensuite, il est conseillé de relire encore une fois ses notes, en essayant de revivre son rêve et de procéder à des va-et-vient avec les images, en laissant monter les réponses et les questions. Patrick Bertoliatti, psychopraticien spécialisé dans l'étude des rêves, soutient que l'on obtiendra tantôt des confirmations de notre ressenti, tantôt des éléments de réponse inattendus.

Deux exemples de symboles récurrents

S'il est vrai que les dictionnaires des symboles ne peuvent nous donner que des indications générales, il est aussi vrai que des images-clés reviennent bel et bien de façon récurrente chez les rêveurs. Le premier réflexe au réveil, si l'on dispose d'un tel ouvrage chez soi, c'est de s'y plonger avec beaucoup de curiosité.

La maison est souvent un élément central dans les rêves de tout un chacun. Plusieurs symbologies s'accordent sur le fait qu'elle représente ce qui se passe à l'intérieur de nous. Pour Freud, cela concerne le corps, alors que, pour Jung, cela tient plutôt de l'âme. Il est crucial de se pencher sur les pièces de la maison dont on rêve : la cuisine symbolise la transformation et l'évolution psychiques, car on y modifie les aliments ; les fenêtres et les portes pourraient être associées aux yeux ; la chambre à coucher nous interpelle sur notre vie sentimentale et sexuelle ; l'ascenseur, emblème par excellence d'élévation spirituelle, nous mène dans les différents étages de notre psyché, etc.

Dans un autre registre, le rêve de perdre des dents est, lui aussi, très fréquent. Si dans l'Antiquité on y voyait un mauvais présage, par exemple la perte d'un proche, cette symbolique est depuis devenue plus large. Ce type de rêve pourrait ainsi représenter une perte de vigueur, de vitalité.

Quelques exemples d'interprétations

Indépendamment des symboles récurrents, le contenu des rêves est fortement lié au vécu personnel du dormeur. Partant de ce présupposé, les personnes qui nous ont livré les témoignages suivants ont essayé d'interpréter leurs rêves de façon autonome.

Sarah faisait un cauchemar récurrent qu'elle ne parvenait pas à décrypter, car certains détails lui échappaient. Après plusieurs tentatives et en établissant un lien avec sa situation personnelle, elle a pu prendre conscience d'un mal-être qui l'habitait et qu'elle ne soupçonnait pas.

« Depuis plusieurs semaines, le même cauchemar venait hanter mes nuits. J'habite au deuxième étage d'un petit immeuble et, généralement, je préfère prendre l'ascenseur. Dans mon rêve, je suis poursuivie par un individu masqué, et je tente de fuir en grimpant deux à deux les escaliers. Je continue de courir pour échapper à mon assaillant, mais j'ai beau avaler les marches, je reste coincée au deuxième étage. Je finis par trébucher et l'individu me rattrape, se rapproche de moi, un couteau dans une main et un roman policier dans l'autre. Je réalise alors qu'il s'agit d'une femme – ma mère – et qu'elle s'apprête à m'assassiner, comme il est écrit dans le livre. C'est à ce moment-là que je me réveille. En tentant d'interpréter mon rêve en relation avec ma situation réelle, j'ai compris qu'il s'agissait d'une représentation de mon angoisse de l'avenir. J'avais le sentiment de ne pas avancer, de ne pas évoluer et d'être prisonnière d'une vie d'adolescente, car je vivais encore chez ma mère. Depuis, le cauchemar n'est plus jamais revenu. » (Sarah, 27 ans)

Clara a, quant à elle, revécu une expérience récente à travers le rêve, en mélangeant celle-ci avec des éléments de son passé. L'événement tout à fait banal de la veille a dû réveiller chez elle des peurs lointaines, remontant à son enfance.

« J'ai récemment rêvé que je croisais une jeune fille sur le palier de l'immeuble où j'habitais durant mon enfance. Je n'avais aucune idée de qui cela pouvait bien être. La fille, s'estimant regardée avec mépris, m'apostrophe alors agressivement : "Pourquoi tu me regardes comme ça ?" Sur le moment, je me sens vraiment très mal à l'aise, d'autant plus qu'il ne me semble pas l'avoir regardée de travers. Ce n'est qu'à mon réveil que j'ai réalisé qu'il s'agissait en réalité de la serveuse d'un restaurant qui, la veille, s'était trompée dans mon addition, ce qui m'avait effectivement énervée. Je pense que j'ai extériorisé dans mon rêve la colère ressentie et que j'aurais voulu pouvoir exprimer. » (Clara, 29 ans)

Marine, elle, a eu un rêve prémonitoire. D'après plusieurs psychanalystes, non seulement ce type de songe existe, mais il confirmerait aussi des capacités d'anticipation supérieures à celles d'une conscience éveillée, encore limitée. Le Dr Jean-Michel Crabbé, auteur de *Sommeil et rêves*, observe que l'inconscient, pour des raisons qui n'ont jamais été élucidées, arrive parfois à mettre en contact deux personnes éloignées l'une de l'autre, mais proches sur le plan émotionnel. Cela semble être le cas de Marine :

« Il y a quelques années, alors que j'habitais loin de ma famille pendant mes études universitaires, une nuit, je me suis réveillée en sursaut à la suite d'un rêve bouleversant, d'une netteté impressionnante, mais que je ne pourrais pourtant pas qualifier de cauchemar. J'étais dans un cimetière, je m'y étais rendue seule, sans savoir pourquoi. Pas très loin de moi, un enterrement avait lieu. J'entendais une conversation assez vague entre des femmes sur le fait de perdre un être cher. Puis, tout d'un coup, j'ai vu ma grand-mère s'approcher de moi. Ses yeux bleu glace me fixaient intensément. Elle ne disait rien, l'expression de son visage était imperturbable. C'est à ce moment que je me suis réveillée avec une boule au ventre, comme si ce regard avait percé mon âme. Deux jours plus tard, le jour même où je rentrais dans ma ville natale pour visiter une amie, ma grand-mère nous a quittés. Elle était âgée, mais pas malade. Cela a été inattendu ; je n'ai même pas eu le temps de passer chez elle pour la voir. Tout de suite, les images de mon rêve m'ont retraversé l'esprit. » (Marine, 30 ans)

EN CONCLUSION

Guidé par un psychanalyste ou en solitaire, vous en savez désormais davantage, grâce à vos rêves, sur vos aspirations, vos blocages, et peut-être aussi sur la manière de les dépasser. Ce regain de clarté pourra vous aider, par exemple, à modifier certains de vos comportements, à tourner la page sur un événement particulier ou à affronter un obstacle avec plus de confiance. En fonction de vos envies et de votre caractère, vous pourrez aussi en parler avec un ami, une démarche fortement recommandée par certains psychologues. Pour les plus *geek* d'entre vous, une nouvelle tendance a récemment vu le jour sur la Toile : des applications et des sites Internet destinés au partage des rêves. Pour autant, les technologies modernes ne peuvent se substituer au travail mené par un spécialiste ou par vous-même, les seuls à être en mesure de déceler les clés de compréhension et de dépasser le stade du simple partage.

FAQ

EST-CE QUE TOUT LE MONDE RÊVE ?

Oui, nous rêvons tous chaque nuit, pour autant que nous n'ayons pas pris de médicaments particuliers. Un nourrisson rêve vraisemblablement beaucoup plus qu'un adulte. Quant aux personnes plongées dans le coma, certaines mentionnent des souvenirs de rêves à leur réveil. Cependant, l'existence d'activité onirique dans le coma n'a jamais été démontrée par la science. Au-delà de l'espèce humaine, le sommeil paradoxal est également présent chez les autres mammifères et les oiseaux. Si l'on admet qu'il s'accompagne de rêves, nous pouvons affirmer que tous ces animaux rêvent comme nous.

RÊVE-T-ON TOUT LE TEMPS LORSQUE L'ON DORT ?

Bien que, suite à des expériences menées pendant les années cinquante, la communauté scientifique ait longtemps défendu une relation directe entre le sommeil paradoxal, se produisant environ toutes les 90 minutes, et l'occurrence de rêves, cette théorie est remise en question depuis les années 2000. À l'heure actuelle, les neuroscientifiques n'ont plus les mêmes certitudes quant aux périodes exactes du sommeil au cours desquelles le rêve se manifeste. Il est dès lors difficile d'affirmer non seulement si l'on rêve tout le temps au cours d'une nuit ou non, mais également le moment précis où cela se produit.

À QUOI SERVENT LES RÊVES ?

L'approche de la question est différente selon que l'on s'adresse à un médecin du sommeil ou à un psychanalyste. Si pour les premiers l'utilité de l'analyse du contenu des rêves demeure limitée au diagnostic d'éventuels troubles du sommeil, pour les seconds elle se révèle, par contre, un outil beaucoup plus important et largement employé. Les psychanalystes pratiquant l'analyse des songes sont en effet convaincus que le monde onirique recèle des informations tout à fait objectives sur l'individu, utiles non seulement en cas de souffrance psychologique, mais également, de manière plus ample, pour tout un chacun qui souhaiterait mieux se connaître.

POURQUOI NE ME SOUVIENS-JE PAS TOUJOURS DE MES RÊVES ?

On sait que 90 % de nos rêves sont balayés de notre mémoire dès le réveil. Aussi, pour se souvenir d'un rêve de manière durable, il faudrait que notre cerveau ait le temps de le transférer dans la mémoire consciente. Cela n'est possible qu'au travers de micro-éveils durant le sommeil. Certaines expériences menées par des neuroscientifiques ont montré que des individus présentant des micro-éveils plus longs – d'une durée de deux minutes – retiennent mieux le contenu de leurs rêves. À l'heure actuelle, les neurosciences ne sont toutefois pas en mesure de prouver si se rappeler de ses rêves entraîne une meilleure qualité de vie pour l'individu. De surcroît, il y a effectivement des gens qui disent ne jamais se souvenir de leurs rêves et qui s'en portent très bien.

QU'EST-CE QUE LE RÊVE PRÉMONITOIRE ?
EXISTE-T-IL VRAIMENT ?

Carl Gustave Jung, ainsi que de nombreux autres psychanalystes, s'est penché sur l'existence des rêves prémonitoires. Selon eux, ce type de rêve existe vraiment et il manifesterait une capacité supérieure de l'inconscient à anticiper des changements en cours dans la réalité, mais qui échappent à la conscience éveillée.

EST-CE QUE MES RÊVES PEUVENT INFLUENCER
MON QUOTIDIEN ?

S'ils laissent des souvenirs, oui, bien évidemment. Un psychanalyste dira que ce sont surtout l'analyse du rêve et la prise de conscience qui en découle qui auront un impact positif sur notre quotidien. Cependant, l'interprétation des rêves n'est pas, en soi, une étape obligatoire pour mieux vivre. On peut en effet passer à côté de l'éventuel message qu'ils véhiculeraient sans que cela n'entraîne des répercussions sur notre qualité de vie. Le choix d'en savoir plus, pour ceux qui jouissent d'un sommeil et d'une activité onirique nor-maux, demeure subjectif.

Dans des cas extrêmes, par contre, la réitération de cauchemars particulièrement effrayants, qui gâchent bel et bien les jours et les nuits de certains dormeurs, n'est pas à prendre à la légère. Cela peut nous plonger dans un tel état de souffrance qu'une consultation chez un psychanalyste ou un médecin du sommeil s'impose. En particu-lier, ces dérangements nocturnes pourraient être annonciateurs de troubles du sommeil ou d'autres pathologies qu'un somnologue sera en mesure de détecter.

COMMENT INTERPRÉTER SES RÊVES SOI-MÊME ?

Pour interpréter le contenu de ses rêves, il n'existe pas de règle universelle et si les dictionnaires des symboles peuvent vous aiguiller quant à la symbolique de l'un ou l'autre élément, l'interprétation de vos songes doit être personnelle et reliée à vos propres expériences.

Faites tout d'abord en sorte que les conditions d'une bonne nuit de sommeil soient réunies : pas de dîner lourd, pas d'excitants, détendez-vous, etc. Notez vos rêves sur un carnet au réveil, ou enregistrez votre récit au moyen d'un dictaphone. Posez-vous des questions par rapport à ce que vous aurez noté ou enregistré : quels sont les éléments-clés, les émotions ressenties ? Passez ensuite à la phase interprétative : quels liens puis-je établir avec ma situation actuelle ? Quelles informations en tirer par rapport à mes ressources et mes faiblesses ?

POUR ALLER PLUS LOIN

SOURCES BIBLIOGRAPHIQUES

- AIMELET (Aurore), « Je ne me souviens jamais de mes rêves », in *Psychologies.com*, consulté en octobre 2015. http://www.psychologies.com/Therapies/Psychanalyse/Reves/Articles-et-Dossiers/Je-ne-me-souviens-jamais-de-mes-reves.
- ALBERGANTI (Michel), « Faut-il et peut-on se débarrasser des cauchemars ? », *Science publique*, France Culture, 27 juin 2014.
- COLIN (Didier), *L'interprétation des rêves pour les nuls*, Paris, First Éditions, 2011.
- CRABBÉ (Jean-Michel), « Le sommeil paradoxal : la neuro-psychologie étonnante du rêve », in *Sitemed*, consulté en novembre 2015. http://www.sitemed.fr/reves/3paradox.htm
- CRABBÉ (Jean-Michel), *Sommeil et rêves*, Paris, Ellébore, 2003.
- DACO (Pierre), *L'interprétation des rêves*, Paris, Marabout, 2007.
- EICHENLAUB (Jean-Baptiste), BERTRAND (Olivier), MORLET (Dominique) et RUBY (Perrine), « Brain Reactivity Differentiates Subjects with High and Low Dream Recall Frequencies During Both Sleep and Wakefulness », in *Cerebral Cortex*, consulté en octobre 2015. http://cercor.oxfordjournals.org/content/early/2013/01/01/cercor.bhs388.abstract
- GARTEISER (Marion), « Que révèlent vos rêves et vos cauchemars ? », in *E-sante*, consulté en octobre 2015. http://www.e-sante.be/que-revelent-vos-reves-ou-vos-cauchemars/actualite/1185.
- INSERM VIDÉOS, « Pourquoi le cerveau se souvient-il de nos rêves ? », in *Youtube*, consulté en octobre 2015.
- KOSARIN (Jenni), *Tout sur les rêves*, Varennes (Canada), Ada Éditions, 2008.

- LAMBERT (Barbara), « Est-ce que c'est grave de ne pas se souvenir de ses rêves ? », in *Atlantico*, consulté en octobre 2015. http://www.atlantico.fr/rdv/atlanti-question-lundi/est-que-c-est-grave-ne-pas-se-souvenir-reves-perrine-ruby-1815258.html.
- « Les rêves et le sommeil », in *Science et Vie Junior*, hors-série n° 98, février 2013.
- MASCRET (Damien), « Comment le cerveau se souvient-il de certains rêves ? » in *Le Figaro*, consulté en décembre 2015. http://sante.lefigaro.fr/actualite/2015/04/09/23607-comment-cerveau-se-souvient-il-certains-reves
- MAZELIN SALVI (Flavia), « 5 étapes pour interpréter vos rêves », in *Psychologies magazine*, n° 348, février 2015.
- TAUBES (Isabelle), « Comprendre cet "autre" qui vit en vous », in *Psychologies magazine*, n° 348, février 2015.

SOURCE COMPLÉMENTAIRE

- Portail du site Web *Sommeil et médecine générale* www.sommeil-mg.net

50MINUTES.fr

SOYEZ LÀ
OÙ ON NE VOUS ATTEND PAS !

www.50minutes.fr

Éditeur responsable : Lemaitre Publishing
Avenue de la Couronne 382 | B-1050 Bruxelles
info@lemaitre-editions.com

ISBN ebook : 978-2-8062-6757-3
ISBN papier : 978-2-8062-6758-0
Dépôt légal : D/2016/12603/96
Photo de couverture : © 2mmedia – fotolia.com.